SARAH SCHMIDT
FOTOS & STYLING: ALINE CARON
VOM BLOG MY LITTLE FABRIC

SWEET BAKERY
MADE IN USA

INHALT

KUCHEN

- Carrot Cake 5
- New York Cheesecakes 6
- Brownie 8
- Blondie 10
- Smash Cake (Erster Geburtstagskuchen) 12
- Coconut Cake 14
- Gestürzter Ananaskuchen 16
- Peach Cobbler (Pfirsichkuchen) 18
- Layer Cake (Etagenkuchen) 20
- Banana Cake 22
- Apfel-Karamell-Crumble 24

TARTES

- Apple Pie 26
- Lemon Pie (Zitronentarte mit Baiser) 28
- Pumpkin Pie (Kürbistarte) 30
- Pecan Pie 32
- Key Lime Pie (Limettentarte) 34

KLEINE KUCHEN UND KEKSE ...

- Muffins mit Heidelbeeren 36
- Red Velvet Cupcakes 38
- Pancakes 40
- Waffeln 42
- Cinammon Rolls (Zimtrollen) 44
- Honey Bun 46
- Puppies (Apfel-Zimt-Krapfen) 48

… KLEINE KUCHEN UND KEKSE

- Donuts 50
- Cake Pops 52
- Lemon Squares (Zitronenschnitten) 54
- Cookies 56
- Granola 58
- Weihnachtskekse 60
- Gingerbread Men (Lebkuchenfiguren) 62
- Whoopies 64
- S'mores (Süße Sandwiches mit Marshmallowcreme) 66
- Peanut Brittle (Erdnusskrokant) 68

GETRÄNKE UND EIS

- Milchshake mit Vanille, Pfirsichen und roten Früchten 70
- Hot Chocolate mit Marshmallows 72
- Oreo-Eis 74
- Sundaes mit Karamell 76

CARROT CAKE

ZUBEREITUNGSZEIT: 20 MIN.
BACKZEIT: CA. 45 MIN.

Zutaten für 8 Personen

- 2 Eier
- 120 g Streuzucker
- 120 g zerlassene Butter
- 200 g Möhren, gerieben
- ½ TL Zimtpulver
- 180 g Mehl
- 1 Päckchen Backpulver
- Butter und Mehl für die Form

Für die Glasur

- 60 g Frischkäse
- 50 g Puderzucker
- 1 TL Vanillearoma
- 1 EL Milch

• Den Backofen auf 160 °C vorheizen.

• Für den Kuchen: Eier und Zucker in einer Schüssel schaumig schlagen. Nacheinander zerlassene Butter, geriebene Möhren, Zimtpulver, Mehl und Backpulver zugeben und jeweils sorgfältig untermischen.

• Den Teig in eine gefettete und bemehlte Kuchenform füllen und 45 Minuten im Ofen backen. Mit einem Garprobenstab oder einer Messerspitze prüfen, ob der Kuchen gar ist: Der eingestochene Stab oder die Messerspitze muss sauber wieder herauskommen (andernfalls die Backzeit um 10 Minuten verlängern).

• In der Zwischenzeit die Glasur zubereiten: Frischkäse, Puderzucker, Vanillearoma und Milch in einer kleinen Schüssel kräftig verrühren, bis eine glatte, cremige Masse entstanden ist.

• Den fertigen Kuchen auf einem Servierteller abkühlen lassen. Mit der Glasur bestreichen und servieren.

NEW YORK CHEESECAKES

ZUBEREITUNGSZEIT: 20 MIN.
BACKZEIT: 1 STD.

Zutaten für 4–5 Personen

- 180 g Spekulatius
- 110 g weiche Butter
- 20 g Streuzucker
- 2 TL Vanilleextrakt
- 300–400 ml Püree aus roten Früchten

Für die Frischkäsecreme

- 1 Ei
- 100 g Streuzucker
- 150 g Frischkäse
- 100 g Crème fraîche
- 1 TL Vanilleextrakt
- 1 TL Agar-Agar
- Einige Spritzer Zitronensaft

• Den Backofen auf 160 °C vorheizen.

• Für den Boden: Die Spekulatius in einer Schüssel zerkrümeln und mit Butter, Zucker und Vanilleextrakt vermischen.

• Die Frischkäsecreme in einer zweiten Schüssel zubereiten: Ei und Zucker schaumig schlagen. Frischkäse, Crème fraîche, Vanilleextrakt, Agar-Agar und Zitronensaft zugeben und alles zu einer glatten Masse mixen.

• Den Boden kleiner Kuchenformen oder Verrines etwa 5 mm hoch mit dem Spekulatiusteig bedecken und die Frischkäsecreme darübergeben. Die Förmchen in ein Wasserbad stellen und 1 Stunde im Ofen backen.

• Die abgekühlten Cheesecakes mit Püree aus roten Früchten beträufeln und servieren.

BROWNIE

ZUBEREITUNGSZEIT: 15 MIN.
BACKZEIT: 20–25 MIN.

Zutaten für 8–10 Personen

- 150 g dunkle Blockschokolade
- 200 g weiche Butter
- 200 g Streuzucker
- 4 Eier
- 150 g Mehl
- 1 Prise Salz
- 150 g Pecannüsse, gehackt
- Butter und Mehl für die Form

• Den Backofen auf 180 °C vorheizen.

• Die Schokolade hacken und im Wasserbad schmelzen. Lauwarm abkühlen lassen.

• Butter und Zucker in einer Schüssel cremig schlagen. Die Eier einzeln zugeben und untermischen, dann die geschmolzene Schokolade untermischen. Nacheinander Mehl, Salz und Pecannüsse einarbeiten.

• Den Teig in eine rechteckige oder quadratische, gefettete und gemehlte Form füllen. 20–25 Minuten im Ofen backen.

• Den Brownie in der Form abkühlen lassen.

BLONDIE

ZUBEREITUNGSZEIT: 15 MIN.
BACKZEIT: 20–25 MIN.

Zutaten für 8–10 Personen

- 2 Eier
- 250 g Rohrzucker
- 160 g weiche Butter
- 2 TL Vanillearoma
- 300 g Mehl
- 5 g Backpulver
- 1 Prise Salz
- 100 g Macadamianüsse, gehackt
- 100 g weiße Schokotropfen
- Butter und Mehl für die Form

• Den Backofen auf 180 °C vorheizen.

• Eier und Zucker in einer Schüssel schaumig schlagen, bis die Masse hell wird. Butter und Vanillearoma zugeben und erneut mixen.

• In einer zweiten Schüssel Mehl, Backpulver, Salz, Macadamianüsse und Schokotropfen verrühren. Nach und nach zur Buttermischung geben und zu einem glatten Teig verrühren.

• Den Teig in eine rechteckige oder quadratische, gefettete und gemehlte Form füllen. 20–25 Minuten im Ofen backen.

• Den Blondie in der Form auskühlen lassen. In Vierecke schneiden und servieren.

SMASH CAKE
(ERSTER GEBURTSTAGSKUCHEN)

ZUBEREITUNGSZEIT: 30 MIN.
BACKZEIT: 25–30 MIN.

Zutaten für 8 Personen

Für den Kuchen

- 4 Eier
- 120 g Streuzucker
- 1 TL Vanillearoma
- 120 g Mehl
- 5 g Backpulver
- 1 Prise Salz
- Butter und Mehl für die Form
- 1 Paket Rollfondant (Zuckerguss zum Ausrollen)

Für die Schokoladencreme

- 250 g Mascarpone
- 40 g Kakaopulver
- 20 g Crème fraîche
- 40 g Puderzucker

- Den Backofen auf 160 °C vorheizen.
- Die Eier trennen. Eigelbe, Zucker und Vanillearoma schaumig schlagen, bis die Masse hell wird. Nach und nach Mehl, Backpulver und Salz einarbeiten.
- Die Eiweiße zu Schnee schlagen und vorsichtig unter den Teig heben.
- Den Teig in eine gefettete und bemehlte Springform füllen und 25 – 30 Minuten im Ofen backen. Mit einem Garprobenstab oder einer Messerspitze prüfen, ob der Kuchen gar ist: Der eingestochene Stab oder die Messerspitze muss sauber wieder herauskommen. Den Kuchen in der Form abkühlen lassen.
- In der Zwischenzeit alle Zutaten für die Schokoladencreme zu einer glatten Masse verrühren.
- Den Kuchen längs in zwei Böden schneiden. Einen Boden auf einen Servierteller legen und mit der Schokoladencreme bestreichen. Den zweiten Tortenboden auflegen und leicht andrücken. Mit einer dünnen Schicht Schokoladencreme bestreichen (an den Rändern glatt streichen).
- Die restliche Schokoladencreme in einen Spritzbeutel mit Sterntülle füllen. Den Kuchen mit dem Rollfondant belegen und glätten. Überstehende Ränder abschneiden. Die Schokoladencreme dekorativ aufspritzen.

COCONUT CAKE

ZUBEREITUNGSZEIT: 20 MIN.
BACKZEIT: 50 MIN.–1 STD.

Zutaten für 8 Personen

- 200 g weiche Butter
- 230 g Streuzucker
- 1 TL Vanilleextrakt
- 4 Eiweiße
- 210 g Mehl
- 60 g geriebene Kokosnuss plus etwas mehr zum Bestreuen
- 6 g Backpulver
- 1 Prise Salz
- 200 ml Milch
- 120 ml Kokosmilch
- Butter und Mehl für die Form

Für die Glasur

- 120 g Frischkäse
- 100 g Puderzucker
- 1 TL Vanilleextrakt
- 1 TL Milch

• Den Backofen auf 180 °C vorheizen.

• Butter und Zucker mit dem elektrischen Handrührgerät schaumig schlagen, bis die Masse hell wird. Vanilleextrakt und Eiweiße zugeben und erneut mixen. Nacheinander Mehl, geriebene Kokosnuss, Backpulver und Salz zugeben, dabei ständig weitermixen. Sobald ein glatter Teig entstanden ist, unter Rühren nach und nach die Milch und Kokosmilch zugießen.

• Eine mindestens 5 cm hohe Springform einfetten und bemehlen. Den Teig hineinfüllen und 50–60 Minuten im Ofen backen. Mit einem Garprobenstab oder einer Messerspitze prüfen, ob der Kuchen gar ist: Der eingestochene Stab oder die Messerspitze muss sauber wieder herauskommen. Den Kuchen in der Form abkühlen lassen.

• In der Zwischenzeit für die Glasur Frischkäse, Puderzucker, Vanilleextrakt und Milch verrühren, bis eine glatte, cremige Masse entsteht.

• Den Kuchen aus der Form nehmen, mit der Glasur bestreichen und mit geriebener Kokosnuss bestreuen.

GESTÜRZTER ANANASKUCHEN

ZUBEREITUNGSZEIT: 15 MIN.
BACKZEIT: 1 STD.

Zutaten für 8 Personen

- 210 g weiche Butter
- 210 g Streuzucker
- 2 Eier
- 280 g Mehl
- 1 Päckchen Backpulver
- 250 ml Sahne
- 150 ml Milch
- 3 EL Ananassirup (aus der Dose)
- Butter und Zucker für die Form
- 8 Scheiben Ananas (aus der Dose)

• Den Backofen auf 180 °C vorheizen.

• Butter und Zucker in einer großen Schüssel cremig schlagen. Nacheinander Eier, Mehl, Backpulver, Sahne, Milch und Ananassirup zugeben und jeweils sorgfältig verrühren.

• Eine Kuchenform mit einem Durchmesser von 24 cm einfetten und den Boden mit Zucker bestreuen. Die Ananasscheiben rundum in die Form legen, eine Scheibe kommt in die Mitte. Den Teig in die Form füllen.

• 1 Stunde im Ofen backen. Mit einem Garprobenstab oder einer Messerspitze prüfen, ob der Kuchen gar ist: Der eingestochene Stab oder die Messerspitze muss sauber wieder herauskommen.

• Den Kuchen in der Form abkühlen lassen, dann erst stürzen.

PEACH COBBLER
(PFIRSICHKUCHEN)

ZUBEREITUNGSZEIT: 15 MIN.
BACKZEIT: 30 MIN.

Zutaten für 6 Personen

- 150 g Mehl
- 170 g Streuzucker
- 115 g weiche Butter
- 1 Ei
- 2 TL Vanillearoma
- 8–10 Pfirsichhälften aus der Dose

• Den Backofen auf 180 °C vorheizen.

• Mehl, Zucker, Butter, Ei und Vanillearoma in einer Schüssel mit den Händen zu einem glatten Teig kneten.

• Die Pfirsichhälften in Stücke schneiden und in eine Auflaufform geben. Mit dem Teig bedecken.

• 30 Minuten im Ofen backen. Vor dem Servieren abkühlen lassen.

LAYER CAKE
(ETAGENKUCHEN)

ZUBEREITUNGSZEIT: 25 MIN.
BACKZEIT: 25–30 MIN.

Zutaten für 6 Personen

- 1 Vanilleschote
- 200 ml Milch
- 210 g weiche Butter
- 350 g Streuzucker
- 3 Eier
- 410 g Mehl
- 6 g Backpulver
- Rote oder rosa Lebensmittelfarbe
- Butter und Mehl für die Form
- 500–600 g Konfitüre aus roten Früchten

Für die Buttercreme

- 300 g weiche Butter
- 380 g Puderzucker
- 1 TL Vanilleextrakt
- 120 ml Vollmilch

Für die Dekoration

- 5–6 Himbeeren
- 1 Stiel rote Johannisbeeren
- 1 Handvoll Heidelbeeren

• Den Backofen auf 180 °C vorheizen.

• Die Vanilleschote längs aufschneiden und die Samen mit einer Messerspitze herauslösen. Samen und Schote mit der Milch in einen Topf geben und bei schwacher Hitze unter Rühren 3 Minuten erhitzen. Die Schote entfernen und die Milch abkühlen lassen.

• Butter und Zucker in einer Schüssel cremig schlagen. Die Eier zugeben und untermischen. Mehl, Backpulver und die Vanillemilch zugeben und zu einem glatten Teig verrühren.

• Den Teig auf 3 Schüsseln aufteilen und mit der Lebensmittelfarbe unterschiedlich einfärben: dunkel, mittel, hell. Den Teig in 3 gefettete und bemehlte Springformen mit einem Durchmesser von 15 cm füllen und 25 – 30 Minuten im Ofen backen. Mit einem Garprobenstab oder einer Messerspitze prüfen, ob der Kuchen gar ist: Der eingestochene Stab oder die Messerspitze muss sauber wieder herauskommen. Die Kuchen aus den Formen nehmen und auf einem Rost abkühlen lassen.

• Für die Buttercreme die Butter schaumig schlagen. Nach und nach Puderzucker, Vanilleextrakt und Milch zugeben, dabei ständig weiterrühren.

• Die Oberflächen der Kuchen glatt schneiden. Die Kuchen aufeinanderschichten, dabei die unteren beiden mit Konfitüre bestreichen. Den Kuchen mithilfe eines Spritzbeutels mit der Buttercreme garnieren und mit roten Früchten dekorieren.

BANANA CAKE

ZUBEREITUNGSZEIT: 15 MIN.
BACKZEIT: 45 MIN.

Zutaten für 8 Personen

- 3 Bananen
- 40 g Butter
- 60 g Rohrzucker
- 2 Eier
- 200 ml Sahne
- 1 TL Vanillearoma
- 150 g Mehl
- 50 g Buchweizenmehl
- 5 g Backpulver
- 1 TL Zimtpulver
- 200 g dunkle Schokoladentropfen
- Butter und Mehl für die Form

Für den Schokoladenguss

- 80 ml Milch
- 50 g Streuzucker
- 150 g dunkle Blockschokolade

• Den Backofen auf 180 °C vorheizen.

• Die Bananen schälen und in Stücke schneiden.

• Butter und Zucker in einer Schüssel cremig schlagen. Eier, Sahne und Vanillearoma untermischen. Nacheinander beide Mehle, Backpulver und Zimtpulver einarbeiten. Alles zu einem glatten Teig verrühren.

• Schokotropfen und Bananenstücke zugeben und mit einem Holzlöffel vorsichtig unterrühren.

• Den Teig in eine gefettete und bemehlte Gugelhupfform füllen und 45 Minuten im Ofen backen. Mit einem Garprobenstab oder einer Messerspitze prüfen, ob der Kuchen gar ist: Der eingestochene Stab oder die Messerspitze muss sauber wieder herauskommen. Den Kuchen aus der Form nehmen und auf einem Rost abkühlen lassen.

• In der Zwischenzeit den Schokoladenguss zubereiten: Milch und Zucker in einem Topf bei mittlerer Hitze verrühren, bis der Zucker vollständig aufgelöst ist. Die Schokolade in Stücke schneiden und zugeben. Alles zu einer glatten Sauce verrühren.

• Den Kuchen auf einen Servierteller stellen und mit der Schokoladensauce übergießen.

APFEL-KARAMELL-CRUMBLE

ZUBEREITUNGSZEIT: 25 MIN.
BACKZEIT: 15 MIN.

Zutaten für 8 Personen

- 100 g Spekulatius
- 100 g Butter
- 100 g Mehl
- 100 g Streuzucker
- 6–8 Äpfel

Für Karamellsauce

- 100 g Streuzucker
- 60 g leicht gesalzene Butter
- 100 ml Sahne

• Den Backofen auf 180 °C vorheizen.

• Für die Karamellsauce: Den Zucker mit 2 Esslöffeln Wasser in einem Topf bei mittlerer Hitze bräunen, dabei nicht rühren (die Temperatur sollte idealerweise 170 °C betragen). Vom Herd nehmen und die gewürfelte Butter mit einem Schneebesen einrühren, bis eine glatte Masse entsteht. Den Topf wieder auf den Herd stellen und bei schwacher Hitze unter Rühren die Sahne zugießen. In eine Schale gießen und abkühlen lassen.

• Für den Crumbleteig: Den Spekulatius in einer Schüssel zerkrümeln. Butter, Mehl und Zucker zugeben und mit den Händen zu einem krümeligen Teig verarbeiten. Ein Backblech mit Backpapier auslegen, den Teig darauf verteilen und 15 Minuten im Ofen backen.

• In der Zwischenzeit die Äpfel schälen und fein würfeln. In einer antihaftbeschichteten Pfanne ohne weiteres Fett bei schwacher Hitze 5 Minuten bräunen. Den Herd ausschalten und die Karamellsauce zugießen. Alles gut vermischen.

• Die Äpfel mit der Karamellsauce in Dessertgläser füllen und mit dem Crumble bedecken.

Servieren Sie dieses Crumble warm oder kalt. Besonders köstlich schmeckt eine Kugel Vanilleeis dazu.

APPLE PIE

ZUBEREITUNGSZEIT: 20 MIN.
RUHEZEIT: 1 STD.
BACKZEIT: 50 MIN.–1 STD.

Zutaten für 6 Personen

- 380 g Mehl
- 200 g Butter
- ½ TL Weißweinessig
- 1 Prise Salz
- Butter und Mehl für die Form

Für die Füllung

- 6–8 Äpfel
- 1 TL Zitronensaft
- 70 g brauner Vergeoisezucker
- 1 EL Mehl
- 1 EL Maisstärke
- 1 TL Zimtpulver
- 1 TL Vanillearoma

Für den Belag

- 1 Ei
- 3 EL Streuzucker

• Mehl, Butter, Weißweinessig und Salz in einer Schüssel vermischen. Einige Minuten zu einem glatten Teig kneten. Eine Kugel formen, in Klarsichtfolie einwickeln und 1 Stunde in den Kühlschrank stellen.

• In der Zwischenzeit die Füllung vorbereiten: Die Äpfel schälen und fein würfeln. In eine Schüssel geben und mit Zitronensaft beträufeln. Vergeoisezucker, Mehl, Maisstärke, Zimtpulver und Vanillearoma zugeben und alles gut vermischen. Bei Zimmertemperatur beiseitestellen.

• Den Backofen auf 180 °C vorheizen.

• Die Teigkugel halbieren. Die eine Hälfte auf einer bemehlten Arbeitsfläche mit einem Nudelholz dünn ausrollen. Eine gefettete und bemehlte Auflaufform (Durchmesser 20 cm) mit dem Teig auslegen. Die Apfelfüllung auf dem Teig verteilen. Die zweite Teighälfte auf der Arbeitsfläche ausrollen und auf die Füllung legen. Den Teig an den Rändern mit den Fingern zusammendrücken. Den Kuchen in der Mitte 3-mal einschneiden.

• Für den Belag das Ei mit einem Esslöffel verquirlen. Die Oberfläche mit dem Ei einpinseln und mit Zucker bestreuen.

• Den Apple Pie 50 – 60 Minuten im Ofen backen. Warm oder kalt servieren.

LEMON PIE
(ZITRONENTARTE MIT BAISER)

ZUBEREITUNGSZEIT: 25 MIN.
RUHEZEIT: 1 STD.
BACKZEIT: 15 MIN.

Zutaten für 6 Personen

- 100 g Mehl
- 40 g Puderzucker
- 30 g gemahlene Mandeln
- 1 Prise Salz
- 60 g Butter, in Stücken
- 1 Ei, verquirlt

Für die Zitronencreme

- Saft von 2 Zitronen
- 1 Zitronenzeste
- 2 Eier
- 90 g Streuzucker
- 110 g Butter

Für die Baiserhaube

- 50 g Eiweiß
- 30 ml Wasser
- 100 g Streuzucker

• Mehl, Puderzucker, gemahlene Mandeln und Salz in einer Schüssel vermischen. Nacheinander die Butter, dann das Ei einarbeiten und gründlich kneten. Der Teig darf nicht an den Fingern haften. Eine Kugel formen, in Klarsichtfolie einwickeln und 1 Stunde in den Kühlschrank stellen.

• Für die Zitronencreme: Zitronensaft und -zesten in einer Schüssel mit den Eiern vermischen. Den Zucker zugeben und mit dem Schneebesen kräftig schlagen. Die Schüssel in ein Wasserbad stellen und vorsichtig erhitzen, bis die Creme eindickt. Lauwarm abkühlen lassen und die Butter in Würfeln einrühren, bis eine glatte Creme entsteht.

• Den Backofen auf 180 °C vorheizen. Den Teig auf einer bemehlten Arbeitsfläche ausrollen und eine gefettete Kuchenform mit dem Teig auslegen. Den Teig mit der Gabel mehrfach einstechen und 15 Minuten im Ofen backen. Lauwarm abkühlen lassen.

• Für die Baiserhaube: Das Eiweiß zu festem Schnee schlagen. Wasser und Zucker in einem Topf auf 118 °C erhitzen, bis ein Sirup entsteht. Den Eischnee mit dem Schneebesen schlagen, dabei den Sirup zugießen und weitere 5 Minuten schlagen. Abkühlen lassen.

• Den Kuchen aus der Form nehmen und mit der Zitronencreme bedecken. Das Baiser mithilfe eines Spritzbeutels aufbringen und 3 – 5 Minuten unter dem Grill des Ofens bräunen.

PUMPKIN PIE
(KÜRBISTARTE)

ZUBEREITUNGSZEIT: 20 MIN.
RUHEZEIT: 1 STD.
BACKZEIT: 45 MIN.

Zutaten für 8 Personen

- 380 g Mehl
- 200 g weiche Butter
- ½ TL Weißweinessig
- 1 Prise Salz
- Butter und Mehl für die Form
- 50 g geriebene dunkle Schokolade, zum Servieren

Für die Kürbiscreme

- 2 Eier
- 330 g Streuzucker
- 1 TL Zimtpulver
- 1 TL Ingwerpulver
- 50 g gemahlene Haselnüsse
- 4 Gewürznelken, zerstoßen
- 300 ml gesüßte Kondensmilch
- 550 g Kürbisfruchtfleisch, püriert

Für die Zimtsahne

- 200 ml sehr kalte Sahne
- 10 g Streuzucker
- 1 TL Zimtpulver

• Schüssel und Schneebesen zum Sahneschlagen ins Tiefkühlfach stellen.

• Mehl, Butter, Weißweinessig und Salz in einer Schüssel einige Minuten zu einem glatten Teig verkneten. Eine Kugel formen, in Klarsichtfolie einwickeln und 1 Stunde in den Kühlschrank stellen.

• In der Zwischenzeit die Kürbiscreme zubereiten: Eier und Zucker mit dem elektrischen Handrührgerät schaumig schlagen, bis die Mischung hell wird. Nacheinander Zimt- und Ingwerpulver, gemahlene Haselnüsse, Gewürznelken und Kondensmilch zugeben und jeweils sorgfältig untermischen. Zum Schluss das Kürbismus zugeben und alles zu einer glatten, leicht flüssigen Creme verrühren.

• Den Backofen auf 180 °C vorheizen.

• Den Teig auf einer bemehlten Arbeitsfläche ausrollen und eine gefettete und bemehlte Tarteform mit dem Teig auslegen. Die Kürbiscreme darüber verteilen.

• 45 Minuten im Ofen backen und in der Form abkühlen lassen.

• In der Zwischenzeit die Sahne mit dem Zucker steif schlagen. Das Zimtpulver zugeben und vorsichtig untermischen. Den Kuchen aus der Form nehmen und mit Zimtsahne und geriebener Schokolade servieren.

PECAN PIE

ZUBEREITUNGSZEIT: 25 MIN.
RUHEZEIT: 1 STD.
BACKZEIT: 50 MIN.–1 STD.

Zutaten für 8 Personen

- 100 g Mehl
- 40 g Puderzucker
- 30 g gemahlene Mandeln
- 1 Prise Salz
- 60 g Butter
- 1 Ei
- Butter und Mehl für die Form

Für den Belag

- 200 g Vergeoisezucker
- 100 g Streuzucker
- 2–3 Eier (je nach Größe)
- 150 g Pecannüsse, gehackt plus 130 g zum Garnieren
- 110 g zerlassene Butter
- 2 EL Milch
- 1 EL Mehl
- 1 TL Vanillearoma

• Mehl, Puderzucker, gemahlene Mandeln und Salz in einer Schüssel vermischen. Die Butter stückweise einarbeiten, dann das verquirlte Ei. Alles zu einem glatten Teig verkneten, der nicht an den Fingern haften bleibt. Eine Kugel formen, mit Klarsichtfolie einwickeln und 1 Stunde in den Kühlschrank stellen.

• In der Zwischenzeit den Belag zubereiten: Vergeoisezucker, Streuzucker und Eier in einer Schüssel schaumig schlagen. Nacheinander gehackte Pecannüsse, zerlassene Butter, Milch, Mehl und Vanillearoma zugeben und jeweils sorgfältig unterrühren.

• Den Backofen auf 160 °C vorheizen.

• Den Teig auf einer bemehlten Arbeitsfläche ausrollen und eine gefettete und bemehlte Tarteform (Durchmesser 20 cm) mit dem Teig auslegen. Den Teig mit der Gabel mehrfach einstechen und 15 Minuten im Ofen backen.

• Den Belag auf dem vorgebackenen Tortenboden verteilen und kreisförmig mit Pecannüssen garnieren.

• Den Kuchen weitere 50–60 Minuten backen. In der Form abkühlen lassen.

KEY LIME PIE
(LIMETTENTARTE)

ZUBEREITUNGSZEIT: 20 MIN.
RUHEZEIT: 1 STD.
BACKZEIT: 25 MIN.

Zutaten für 6–8 Personen

- 380 g Mehl
- 200 g Butter
- ½ TL Weißweinessig
- 1 Prise Salz
- Butter und Mehl für die Form

Für die Limettencreme

- 2 Limetten
- 3 Eier
- 400 ml gesüßte Kondensmilch

Für die Baiserhaube

- 3 Eiweiße
- 100 g Streuzucker

- Mehl, Butter, Weißweinessig und Salz in einer Schüssel einige Minuten zu einem glatten Teig verkneten. Eine Kugel formen, in Klarsichtfolie einwickeln und 1 Stunde in den Kühlschrank stellen.
- In der Zwischenzeit die Limettencreme zubereiten: Die Limetten waschen, die Schale abreiben und den Saft auspressen. Die Eier in einer Schüssel verquirlen. Kondensmilch, Zitronensaft und geriebene Schale zugeben und alles gut vermischen.
- Den Backofen auf 180 °C vorheizen.
- Den Teig auf einer bemehlten Arbeitsfläche ausrollen und eine gefettete und bemehlte Tarteform mit dem Teig auslegen. Die Limettencreme darüber verteilen.
- Den Kuchen 25 Minuten backen und nach dem Abkühlen aus der Form nehmen.
- Für die Baiserhaube: Die Eiweiße zu Schnee schlagen. Sobald der Schnee fest zu werden beginnt, nach und nach den Zucker zugeben, dabei ständig weiterschlagen.
- Das Baiser mithilfe eines Spritzbeutels oder eines Teigschabers auf dem Kuchen verteilen. Die Baiserhaube unter dem Grill des Ofens 3 – 5 Minuten bräunen.

MUFFINS MIT HEIDELBEEREN

ZUBEREITUNGSZEIT: 15 MIN.
BACKZEIT: 25–30 MIN.

Zutaten für 6 Personen

- 110 g weiche Butter
- 150 g Streuzucker
- 2 Eier
- 250 g Mehl
- 8 g Backpulver
- 1 Prise Salz
- 120 ml Milch
- 200 g Heidelbeeren

• Den Backofen auf 180 °C vorheizen.

• Butter und Zucker in einer Schüssel schaumig schlagen. Die Eier zugeben, dabei weiterschlagen. Nacheinander Mehl, Backpulver, Salz und Milch zugeben und jeweils sorgfältig untermischen. Die Heidelbeeren zugeben und vorsichtig unterrühren.

• Den Teig in einzelne Muffinformen (oder Papierförmchen) füllen.

• Die Muffins 25 – 30 Minuten im Ofen backen. Mit einem Garprobenstab oder einer Messerspitze prüfen, ob der Kuchen gar ist: Der eingestochene Stab oder die Messerspitze muss sauber wieder herauskommen. Die Muffins in der Form abkühlen lassen.

RED VELVET CUPCAKES

ZUBEREITUNGSZEIT: 25 MIN.
BACKZEIT: 15–20 MIN.

Zutaten für 12 Cupcakes

- 150 g Mehl
- 15 g Kakaopulver
- 5 g Backpulver
- 2 Prisen Natron
- 2 Eier
- 200 g Streuzucker
- 110 g zerlassene Butter
- 150 ml Buttermilch
- 1 TL Weißweinessig
- 1 TL Vanillearoma
- Rote Lebensmittelfarbe

Für die Glasur

- 120 g Frischkäse
- 100 g Puderzucker
- 1 TL Vanillearoma
- 1–2 EL Milch

• Den Backofen auf 180 °C vorheizen.

• Mehl, Kakaopulver, Backpulver und Natron in einer Schüssel verrühren.

• In einer zweiten Schüssel die Eier mit dem elektrischen Handrührgerät 2 Minuten schaumig schlagen. Nacheinander Zucker, zerlassene Butter, Buttermilch, Weißweinessig, Vanillearoma und Lebensmittelfarbe zugeben und jeweils sorgfältig unterrühren. Nach und nach die Kakaomischung einarbeiten.

• Den Teig in Cupcakeformen oder Papierförmchen füllen und 15 – 20 Minuten im Ofen backen. Mit einem Garprobenstab oder einer Messerspitze prüfen, ob der Kuchen gar ist: Der eingestochene Stab oder die Messerspitze muss sauber wieder herauskommen.

• Für die Glasur Frischkäse, Puderzucker, Vanillearoma und Milch in einer kleinen Schüssel kräftig verrühren, bis die Mischung eine glatte, cremige Konsistenz erreicht hat.

• Die Cupcakes abkühlen lassen, dann mithilfe eines Spritzbeutels hübsche Glasurhäubchen aufspritzen.

PANCAKES

ZUBEREITUNGSZEIT: 10 MIN.
RUHEZEIT: 1 STD.
BACKZEIT: 6 MIN. JE PANCAKE

Zutaten für 12 Pancakes

- 250 g Mehl
- 7 g Backpulver
- 80 g Streuzucker
- 50 g zerlassene Butter
- 2 Eier
- 400 ml Milch
- 1 TL Vanillearoma
- Öl zum Ausbacken

Für die Beilagen

- Rote Früchte (Himbeeren, rote Johannisbeeren, Heidelbeeren)
- Ahornsirup

• Mehl, Backpulver und Zucker in einer Schüssel verrühren. Nacheinander zerlassene Butter und Eier zugeben und jeweils sorgfältig untermischen. Nach und nach unter ständigem Rühren die Milch zugießen und weiterrühren, bis der Teig schön glatt ist. Das Vanillearoma unterrühren. Den Teig mit Klarsichtfolie abdecken und 1 Stunde bei Zimmertemperatur ruhen lassen.

• Eine Pfanne leicht einfetten (mit einem in Öl getränkten Küchenpapier) und die Pancakes bei mittlerer Hitze von jeder Seite 3 Minuten backen.

• Die Pancakes mit Ahornsirup beträufeln und mit roten Früchten servieren.

WAFFELN

ZUBEREITUNGSZEIT: 15 MIN.
RUHEZEIT: 1 STD.
BACKZEIT: 20 MIN.

Zutaten für 12 Waffeln

Für den Teig

- 3 Eier
- 80 g Butter
- 60 g Streuzucker
- 1 Päckchen Vanillezucker
- 200 g Mehl
- 6 g Backpulver
- 250 ml Milch

Für die Schokoladensauce

- 100 g dunkle oder Vollmilch-Blockschokolade
- 200 ml Sahne

Für die Schlagsahne

- 330 ml sehr kalte Sahne
- 20 g Streuzucker

• Zunächst die Sahne, eine Schüssel und den Schneebesen zum Sahneschlagen ins Tiefkühlfach stellen.

• Für den Teig: Die Eier trennen. Die Butter im Wasserbad zerlassen und in eine Schüssel gießen. Zucker und Vanillezucker zugeben und alles schaumig schlagen. Ein Eigelb nach dem anderen zugeben und jeweils sorgfältig verrühren. Nacheinander Mehl, Backpulver und Milch zugeben und jeweils sorgfältig untermischen. Der Teig sollte glatt und flüssig sein. Mit einem Tuch abdecken und 1 Stunde bei Zimmertemperatur ruhen lassen.

• Die Eiweiße zu Schnee schlagen und vorsichtig unterheben.

• Die Waffeln jeweils 2 – 3 Minuten im Waffeleisen backen.

• Für die Schokoladensauce: Die Schokolade hacken und in eine Schüssel geben. Die Sahne in einem Topf aufkochen und zur Schokolade gießen. Die Mischung rühren, bis die Schokolade geschmolzen ist und eine cremige Sauce entstanden ist.

• Für die Schlagsahne: Die Sahne mit dem Zucker in der tiefgekühlten Schüssel steif schlagen.

• Die Waffeln mithilfe eines Spritzbeutels mit der Schlagsahne garnieren und mit der Schokoladensauce beträufeln.

CINNAMON ROLLS
(ZIMTROLLEN)

ZUBEREITUNGSZEIT: 20 MIN.
RUHEZEIT: 2 STD.
BACKZEIT: 25–30 MIN.

Zutaten für 6–8 Personen

- 250 g Mehl
- 1 TL Trockenhefe
- 80 g Streuzucker
- 1 Ei
- 50 ml lauwarme Milch plus 1 EL zum Bepinseln
- 50 ml lauwarmes Wasser
- 1–2 TL Zimtpulver
- 80 g Butter (Zimmertemperatur)

Für den Zuckerguss

- 1 Eiweiß
- 180 g Puderzucker

• Mehl, Trockenhefe und 20 g Zucker in einer Schüssel verrühren. Ei, Milch und Wasser zugeben und alles zu einem glatten Teig verrühren. Mit einem Tuch abdecken und 1 Stunde bei Zimmertemperatur gehen lassen (der Teig sollte sein Volumen verdoppeln).

• Den restlichen Zucker in einer kleinen Schüssel mit dem Zimtpulver verrühren.

• Den Teig auf einer bemehlten Arbeitsfläche etwa 5 mm dick zu einem Rechteck ausrollen. Mithilfe eines Pinsels mit der Butter bestreichen und mit der Zucker-Zimt-Mischung bestreuen. Den Teig von der Längsseite einrollen, dann in etwa 1,5 cm breite Rollen schneiden.

• Die Rollen auf ein mit Backpapier belegtes Backblech oder in einzelne Förmchen legen und mit der Milch bepinseln. Mit Klarsichtfolie abdecken und 1 Stunde ruhen lassen.

• Den Backofen auf 180 °C vorheizen.

• Die Rollen 25 – 30 Minuten (Einzelformen 15 Minuten) im Ofen backen.

• Für die Glasur: Das Eiweiß mit dem elektrischen Handrührgerät schlagen und, sobald es cremig zu werden beginnt, den Puderzucker zugeben. Weitere 5 Minuten schlagen (wird die Mischung zu fest, 1 Teelöffel kaltes Wasser zugeben).

• Die Zimtrollen etwas abkühlen lassen und dann mithilfe eines Pinsels mit der Glasur bestreichen.

HONEY BUN

ZUBEREITUNGSZEIT: 20 MIN.
BACKZEIT: 45 MIN.

Zutaten für 10–12 Personen

Für den Teig

- 190 g Mehl
- 50 g Milchpulver
- 5 g Backpulver
- 180 g Streuzucker
- 110 g weiche Butter
- 2 TL Vanillearoma
- 2 Eier
- 120 g Crème fraîche
- 50 ml Pflanzenöl
- 50 ml Wasser
- Butter und Mehl für die Form

Für die Füllung

- 200 g Vergeoisezucker
- 2–3 TL Zimtpulver

Für die Glasur

- 250 g Puderzucker
- 50 ml Milch
- ½ TL Vanillearoma

• Den Backofen auf 180 °C vorheizen.

• Für den Teig: In einer Schüssel alle Zutaten nach und nach in der Reihenfolge, in der sie aufgeführt sind, jeweils einzeln sorgfältig verrühren, bis ein glatter und cremiger Teig entsteht (es kann auch eine Küchenmaschine mit Knethaken verwendet werden).

• Für die Füllung Vergeoisezucker und Zimtpulver in einer kleinen Schüssel verrühren.

• Ein Drittel des Teigs in eine gefettete und bemehlte Kuchenform füllen. Großzügig mit der Zucker-Zimt-Mischung bestreuen. Das zweite Drittel des Teigs darauf verteilen und wiederum mit der Zucker-Zimt-Mischung bestreuen. Den restlichen Teig darübergeben und den Kuchen 45 Minuten im Ofen backen. Mit einem Garprobenstab oder einer Messerspitze prüfen, ob der Kuchen gar ist: Der eingestochene Stab oder die Messerspitze muss sauber wieder herauskommen.

• Für die Glasur: Puderzucker, Milch und Vanillearoma kräftig verrühren. Mit Klarsichtfolie abdecken und bei Zimmertemperatur aufbewahren.

• Den noch heißen Kuchen mit der Glasur bestreichen und abkühlen lassen.

Sie können diesen Kuchen auch in kleinen Einzelformen zubereiten. In diesem Fall sollten Sie die Backzeit entsprechend reduzieren.

PUPPIES
(APFEL-ZIMT-KRAPFEN)

ZUBEREITUNGSZEIT: 10 MIN.
BACKZEIT: 30 MIN.

Zutaten für ca. 80 Stück

- 250 g Mehl
- 2 TL Zimtpulver
- 1 Prise Salz
- 2–3 Eier (je nach Größe)
- 125 ml Cidre
- 125 ml Milch
- 3 Eiweiße
- 4 Äpfel
- Frittieröl
- 150 g Puderzucker zum Bestreuen

- Mehl, Zimtpulver und Salz in einer Schüssel verrühren. Die Eier zugeben und untermischen. Nach und nach unter ständigem Rühren Cidre und Milch zugießen.
- Die Eiweiße zu Schnee schlagen und vorsichtig unterheben.
- Die Äpfel nacheinander schälen, fein würfeln und direkt unter den Teig rühren, damit sie sich nicht verfärben.
- Das Frittieröl auf 170 – 180 °C erhitzen.
- Den Puderzucker in einen tiefen Teller geben.
- Den Teig teelöffelweise frittieren, dabei darauf achten, dass die Bällchen nicht übereinanderliegen. Sobald die Krapfen gebräunt sind, herausheben und auf Küchenpapier abtropfen lassen. Diese Arbeitsschritte wiederholen, bis der gesamte Teig aufgebraucht ist.
- Die Krapfen im Puderzucker wälzen und servieren.

after Freel's
called growing
band's health. She
play more cautiously.
d his style but acknowl-
danger, saying it was neces-
for someone small and moderately
talented.
"I don't have the size and the power,"
Freel told her, "but I have the heart."
the first-session
hopes of hanging on
the Ashes alive, but Eng
batsmen — including a
Broad, who was unbeaten on
ded little resistance.
remaining two tests are in Mel-
starting on Dec. 26 and

DONUTS

ZUBEREITUNGSZEIT: 30 MIN.
RUHEZEIT: 4 STD.
BACKZEIT: 3 MIN.

Zutaten für ca. 15 Donuts

- 400 g Mehl
- 2 g Trockenhefe
- 1 Prise Salz
- 60 g Streuzucker
- 35 g weiche Butter, gewürfelt
- 150 ml lauwarme Vollmilch
- 1 TL Vanillearoma
- 1 Ei plus 1 Eigelb
- Frittieröl
- 100 g Puderzucker zum Bestreuen

• Mehl, Trockenhefe, Salz und Zucker in einer Schüssel verrühren. Die Butterwürfel einarbeiten. Nacheinander Milch, Vanillearoma, Ei und Eigelb zugeben und jeweils sorgfältig vermischen. Den Teig mit den Händen etwa 15 Minuten kneten (in einer Küchenmaschine mit Knethaken 5 – 10 Minuten). Den Teig mit einem Tuch abdecken und 1 Stunde bei Zimmertemperatur gehen lassen. Dann 3 Stunden in den Kühlschrank stellen.

• Den Teig auf einer bemehlten Arbeitsfläche 1 cm dick ausrollen und Teigkreise mit einem Durchmesser von ca. 8 cm ausstechen. In der Mitte der Teigkreise einen etwa 3 cm großen Kreis ausstechen, damit die Donuts ihre Form erhalten.

• Das Frittieröl auf 170 – 180 °C erhitzen.

• Den Puderzucker in einen tiefen Teller geben.

• Je zwei Donuts ins Frittieröl geben und von jeder Seite 10 Sekunden frittieren. Auf Küchenpapier abtropfen lassen.

• Die Donuts im Puderzucker wenden und servieren.

York

CAKE POPS

ZUBEREITUNGSZEIT: 50 MIN.
KÜHLZEIT: 2 STD.
BACKZEIT: 10 MIN.

Zutaten für ca. 30 Cake Pops

- 250 g altbackener Sandkuchen
- 80–100 g süßer Brotaufstrich
- 200 g Vollmilch-Schokoladenkuvertüre
- Zuckerdekor in verschiedenen Farben (Perlen, Sterne ...)
- 30 Lutscherstäbe

• Den Sandkuchen mit einer groben Reibe in eine Schüssel reiben. Den Brotaufstrich zugeben und alles mit den Fingern vermischen. Kleine ovale Kugeln (ca. 10 – 12 g) formen.

• 50 g Kuvertüre in eine Schüssel geben und im Wasserbad schmelzen. Die Lutscherstäbe an einem Ende in die Schokolade tauchen und die Kuchenkugeln aufsetzen. Die Cake Pops 2 Stunden in den Kühlschrank stellen.

• Kurz vor Ende der Kühlzeit die restliche Kuvertüre temperieren: Die Kuvertüre in einer Schüssel im heißen Wasserbad auf 40 °C erhitzen, dann die Schüssel in Eiswasser legen, bis die Schokolade auf 25 °C abgekühlt ist. Dann im heißen Wasserbad wieder auf 29 °C erhitzen.

• Die Schüssel mit der flüssigen Schokolade auf der Arbeitsfläche leicht schräg stellen (so wird die Schokolade am Boden nicht so fest).

• Die Cake Pops einzeln in die Schokolade tauchen und vollständig überziehen (eventuell einen Teelöffel zu Hilfe nehmen). Die Stäbe vorsichtig am Schüsselrand abklopfen, damit überschüssige Schokolade abtropfen kann, und auf einem Stück Styropor trocknen lassen.

• Den Zuckerdekor mit einem Tropfen flüssiger Schokolade auf die Cake Pops kleben.

LEMON SQUARES
(ZITRONENSCHNITTEN)

ZUBEREITUNGSZEIT: 20 MIN.
RUHEZEIT: 30 MIN.
BACKZEIT: 35–40 MIN.
KÜHLZEIT: 1 STD.

Zutaten für ca. 16 Lemon Squares

- 100 g Mehl
- 30 g Maisstärke
- 45 g Puderzucker plus ein wenig zum Bestreuen
- 115 g weiche Butter
- Butter und Mehl für die Form

Für die Zitronencreme

- 2 unbehandelte Zitronen
- 3 Eier
- 200 g Streuzucker
- 25 g Mehl

- Mehl, Maisstärke, Puderzucker und Butter in eine Schüssel geben und mit den Händen zu einem glatten Teig kneten. Eine Kugel formen und 30 Minuten in den Kühlschrank stellen.
- Den Backofen auf 170 °C vorheizen.
- Eine 4 – 5 cm hohe Kastenform (20 × 20 cm) einfetten und bemehlen.
- Den Teig auf einer bemehlten Arbeitsfläche 3 – 4 mm dick ausrollen. Die Kastenform mit dem Teig auslegen und überschüssigen Teig an den Rändern abschneiden. 15 – 20 Minuten im Ofen vorbacken.
- In der Zwischenzeit die Zitronencreme zubereiten: Die Schale einer Zitrone abreiben und den Saft beider Früchte auspressen. Eier und Zucker mit dem elektrischen Handrührgerät schaumig schlagen. Zitronenschale und -saft zugeben und vermischen. Dann das Mehl einarbeiten. Alles zu einer glatten Creme verrühren.
- Den vorgebackenen Kuchenboden mit der Zitronencreme bedecken und weitere 20 Minuten im Ofen backen (sollte die Creme noch nicht ausreichend erstarrt sein, die Backzeit um 5 Minuten verlängern). Den Kuchen bei Zimmertemperatur abkühlen lassen, dann 1 Stunde in den Kühlschrank stellen.
- Den Kuchen in 5 cm große Quadrate schneiden und mit Puderzucker bestreuen.

COOKIES

ZUBEREITUNGSZEIT: 10 MIN.
BACKZEIT: 20 MIN.

Zutaten für ca. 20 Cookies

- 300 g Rohrzucker
- 250 g Butter
- 1 Ei
- 375 g Mehl
- 5 g Backpulver
- 1 TL Vanillearoma
- 200 g Schokotropfen (dunkel, weiß oder Vollmilch)
- 100 g Pecannüsse, gehackt

- Den Backofen auf 160 °C vorheizen.
- Zucker und Butter in einer Schüssel schaumig schlagen. Nacheinander Ei, Mehl, Backpulver, Vanillearoma, Schokotropfen und Pecannüsse zugeben und jeweils sorgfältig verrühren.
- Mithilfe eines Eisportionierers einzelne Teigkugeln auf ein mit Backpapier belegtes Backblech legen. Die Teigkugeln dabei nicht flach klopfen und einen Abstand von ca. 6 – 8 cm zueinander einhalten.
- Die Cookies 20 Minuten im Ofen backen. Einige Minuten abkühlen lassen, dann erst vom Papier lösen.

Je nach Vorliebe können die Schokotropfen und Pecannüsse auch durch farbige Schokodrops, Macadamianüsse oder Schmelzkaramell ersetzt werden.

GRANOLA

ZUBEREITUNGSZEIT: 50 MIN.
RUHEZEIT: 1 STD.
BACKZEIT: 12–15 MIN.

Zutaten für ca. 35 Kekse

- 100 g Kastanienmehl
- 50 g Weizenmehl
- 50 g Buchweizenmehl
- 20 g gemahlene Mandeln
- 20 g gemahlene Haselnüsse
- 2 Prisen Natron
- 100 g weiche Butter
- 60 g Rohrzucker
- 1 Ei
- 1 TL Vanillearoma
- 200 g dunkle oder Vollmilchschokoladenkuvertüre

• Alle Mehle, die gemahlenen Nüsse und Natron in einer Schüssel verrühren.

• Butter und Zucker in einer zweiten Schüssel schaumig schlagen. Ei und Vanillearoma zugeben und sorgfältig unterrühren. Die Mehl-Nuss-Mischung zugeben und alles zu einem glatten Teig verrühren. Den Teig auf einem rechteckigen Stück Klarsichtfolie ausbreiten und in der Folie zu einer etwa 15 – 18 cm dicken Wurst rollen. 1 Stunde in den Kühlschrank stellen.

• Den Backofen auf 180 °C vorheizen.

• Die Teigrolle in 5 mm dicke Scheiben schneiden und diese auf einem mit Backpapier belegten Backblech auslegen. 12 – 15 Minuten im Ofen backen.

• In der Zwischenzeit die Kuvertüre temperieren: Die dunkle Kuvertüre in einer Schüssel im heißen Wasserbad auf 45 °C (Vollmilch auf 40 °C) erhitzen, dann die Schüssel in Eiswasser legen, bis die Schokolade auf 27 °C (Vollmilch auf 25 °C) abgekühlt ist. Dann im heißen Wasserbad auf 31 °C (Vollmilch auf 27 °C) erhitzen.

• Die Kekse abkühlen lassen und mit der geschmolzenen Schokolade bestreichen. Vor dem Verzehr fest werden lassen.

WEIHNACHTSKEKSE

ZUBEREITUNGSZEIT: 30 MIN.
RUHEZEIT: 1 STD.
BACKZEIT: 12–15 MIN.

Zutaten für ca. 25 Stück

- 125 g Mehl
- 60 g Streuzucker
- 1 Päckchen Vanillezucker
- 1 Prise Salz
- abgeriebene Schale von 1 unbehandelten Orange
- 60 g weiche Butter
- ½ Ei, verquirlt

Für den Zuckerguss

- 1 Eiweiß
- 180 g Puderzucker

• Den Backofen auf 170 °C vorheizen.

• Mehl, Streuzucker, Vanillezucker, Salz, Orangenschale und Butter in eine Schüssel geben. Mit den Fingern zu einem krümeligen Teig verarbeiten. Das Ei zugeben und alles zu einem glatten Teig kneten. Eine Kugel formen, in Klarsichtfolie einwickeln und 1 Stunde in den Kühlschrank stellen.

• Den Teig auf einer bemehlten Arbeitsfläche 3 mm dick ausrollen und runde Kekse ausstechen. Die Kekse nebeneinander auf ein mit Backpapier ausgelegtes Backblech legen und 12 – 15 Minuten backen.

• In der Zwischenzeit den Zuckerguss zubereiten: Das Eiweiß mit dem elektrischen Handrührgerät schlagen und, sobald es cremig zu werden beginnt, den Puderzucker zugeben. Weitere 5 Minuten schlagen (wird die Mischung zu fest, 1 Teelöffel kaltes Wasser zugeben). Den Guss in einen Beutel füllen. Den Beutel fest verschließen (auf diese Weise bleibt der Guss bei Zimmertemperatur flüssig, bis die Kekse fertig sind).

• Die Kekse abkühlen lassen. Eine kleine Öffnung in den Beutel schneiden und die Kekse mit dem Guss dekorieren.

GINGERBREAD MEN
(LEBKUCHENFIGUREN)

ZUBEREITUNGSZEIT: 30 MIN.
RUHEZEIT: 30 MIN.
BACKZEIT: 12–MIN.

Zutaten für ca. 25 Stück

- 60 g weiche Butter
- 60 g Vergeoisezucker
- 1 Ei
- 90 g flüssiger Honig
- 280 g Mehl
- 2 Prisen Natron
- 25–30 g Lebkuchengewürz

Für den Zuckerguss

- 1 Eiweiß
- 180 g Puderzucker

• Den Backofen auf 170 °C vorheizen.

• Butter und Vergeoisezucker in einer Schüssel schaumig schlagen. Ei, Honig, Mehl, Natron und Lebkuchengewürz zugeben und alles zu einem glatten Teig verrühren. Mit Klarsichtfolie abdecken und 30 Minuten in den Kühlschrank stellen.

• Den Teig auf einer bemehlten Arbeitsfläche etwa 3 mm dick ausrollen. Mithilfe eines Teigausstechers die Figuren ausstechen und auf ein mit Backpapier belegtes Backblech legen. 12 – 15 Minuten im Ofen backen.

• In der Zwischenzeit den Zuckerguss zubereiten: Das Eiweiß mit dem elektrischen Handrührgerät schlagen und, sobald es cremig zu werden beginnt, den Puderzucker zugeben. Weitere 5 Minuten schlagen (wird die Mischung zu fest, 1 Teelöffel kaltes Wasser zugeben). Den Guss in einen Beutel füllen. Den Beutel fest verschließen (auf diese Weise bleibt der Guss bei Zimmertemperatur flüssig, bis die Kekse fertig sind).

• Die Lebkuchenfiguren abkühlen lassen. Eine kleine Öffnung in den Beutel schneiden und die Figuren mit dem Guss dekorieren.

WHOOPIES

ZUBEREITUNGSZEIT: 20 MIN.
BACKZEIT: 10 MIN.

Zutaten für ca. 12 Whoopies

Für den Teig

- 90 g weiche Butter
- 60 g Streuzucker
- 1 TL Vanillearoma
- 1 Prise Salz
- 1 Ei
- 60 ml Vollmilch
- 125 g Mehl
- 5 g Backpulver
- 40 g Kakaopulver

Für die Marshmallowcreme

- 1 Eiweiß
- 30 ml Wasser
- 90 g Streuzucker
- 40 g Puderzucker
- 1 TL Vanillearoma

• Den Backofen auf 180 °C vorheizen.

• Für den Teig: Butter und Zucker in einer Schüssel schaumig schlagen. Nacheinander Vanillearoma, Salz, Ei und Milch zufügen und jeweils sorgfältig untermischen.

• Mehl, Backpulver und Kakaopulver in einer zweiten Schüssel vermischen. Zur Buttermischung geben und alles zu einem glatten Teig verrühren.

• Ein Backblech mit Backpapier auslegen. Mithilfe eines Spritzbeutel mit einer etwa 10–12 mm großen Tülle 24 ungefähr 4 cm große Teigkreise auf das Blech spritzen. 10 Minuten im Ofen backen.

• Für die Marshmallowcreme: Das Eiweiß zu festem Schnee schlagen.

• Wasser und Zucker in einem Topf auf 118 °C erhitzen, bis ein Sirup entsteht. Den Sirup zum Eischnee gießen und weitere 5 Minuten mit dem Schneebesen schlagen. Puderzucker und Vanillearoma zugeben und unterrühren. Die Creme bei Zimmertemperatur abkühlen lassen.

• Die Kekse abkühlen lassen, dann erst vom Backpapier lösen. 12 Kekse großzügig mit der Marshmallowcreme bestreichen. Mit den restlichen Keksen zu Whoopies zusammenfügen.

S'MORE CRACKERS
(SÜSSE SANDWICHES MIT MARSHMALLOWCREME)

ZUBEREITUNGSZEIT: 30 MIN.
RUHEZEIT: 1 STD.
BACKZEIT: 30 MIN.

Zutaten für ca. 25 Stück

- 60 g weiche Butter
- 100 g Rohrzucker
- 1 Ei
- 1 EL flüssiger Honig
- 2 EL Milch
- 250 g Vollwertmehl
- 1 TL Backpulver
- 1 Prise Salz
- 250 g dunkle Blockschokolade, gerieben

Für die Marshmallowcreme

- 2 Eiweiße
- 1 TL Vanillearoma
- 60 ml Wasser
- 180 g Streuzucker
- 80 g Puderzucker

• Butter und Zucker in einer Schüssel schaumig schlagen. Ei, Honig und Milch zugeben und alles gut vermischen. Mehl, Backpulver und Salz einarbeiten. Alles mit den Fingern zu einem glatten Teig kneten. 2 Kugeln formen, in Klarsichtfolie einwickeln und 1 Stunde in den Kühlschrank stellen.

• Für die Marshmallowcreme: Die Eiweiße zu festem Schnee schlagen. Wasser und Zucker in einem Topf auf 118 °C erhitzen, bis ein Sirup entsteht. Den Sirup zum Schnee gießen und weitere 5 Minuten mit dem Schneebesen schlagen. Puderzucker und Vanillearoma zugeben und sorgfältig unterrühren. Die Creme bei Zimmertemperatur abkühlen lassen.

• Den Backofen auf 180 °C vorheizen.

• 1 Teigkugel auf einer bemehlten Arbeitsfläche etwa 2 mm dick ausrollen. Mit einem etwa 3 x 5 cm großen Teigausstecher 25 Rechtecke ausstechen. Mit der Gabel mehrfach einstechen (nicht durchstechen). 15 Minuten im Ofen backen und abkühlen lassen. Die Kekse mit dem Teigausstecher noch einmal in Form bringen.

• Mit der zweiten Teigkugel ebenso verfahren und weitere 25 Kekse backen.

• 25 Kekse mit der Marshmallowcreme bestreichen und mit der geriebenen Schokolade bestreuen. Mit den restlichen Keksen belegen, sodass kleine Sandwiches entstehen.

PEANUT BRITTLE
(ERDNUSSKROKANT)

ZUBEREITUNGSZEIT: 10 MIN.
KOCHZEIT: 7–10 MIN.

Zutaten für ca. 500 g

- 1 TL Sonnenblumen- oder Erdnussöl für das Backblech
- 210 g Traubenzuckersirup
- 210 g Streuzucker
- 220 g nicht gesalzene Erdnüsse
- 1 TL Vanillearoma
- 8 g Butter
- 7 g Natron

• Ein Backblech mit Öl bepinseln.

• Traubenzuckersirup und Zucker in einem Topf bei mittlerer Hitze 5 Minuten erhitzen. Sobald die Mischung aufkocht, Erdnüsse und Vanillearoma zugeben, dabei ständig rühren. Butter und Natron einrühren. Bei schwacher Hitze unter Rühren weiterkochen, bis der Krokant gut gebräunt ist.

• Die Mischung auf einem Backblech ausbreiten, dabei schnell arbeiten. Bei Zimmertemperatur abkühlen lassen.

• In mundgerechte Stücke brechen und servieren.

MILCHSHAKE MIT VANILLE, PFIRSICHEN UND ROTEN FRÜCHTEN

ZUBEREITUNGSZEIT: 10 MIN.

Zutaten für 6 Personen

- 330 ml Sahne
- 150 ml Püree aus roten Früchten
- 12 Pfirsiche
- 12 Kugeln Vanilleis
- 600 ml sehr kalte Milch
- 20 g Streuzucker

• Zunächst die Sahne, eine Schüssel und den Schneebesen zum Sahneschlagen ins Tiefkühlfach stellen (etwa 15 Minuten vor Beginn der Arbeit).

• Den Boden von 6 Serviergläsern mit etwas Fruchtpüree bedecken.

• Die Pfirsiche schälen und in Stücke schneiden. Mit Vanilleeis und Milch im Mixer pürieren. Das Mus auf die Gläser verteilen und im Kühlschrank aufbewahren.

• Die Sahne in der tiefgekühlten Schüssel mit dem Zucker steif schlagen.

• Die Milchshakes mit der Sahne garnieren und mit dem restlichen Fruchtpüree beträufeln.

HOT CHOCOLATE MIT MARSHMALLOWS

ZUBEREITUNGSZEIT: 15 MIN.
BACKZEIT: 8–10 MIN.
RUHEZEIT: 12 STD.

Zutaten für 6 Personen

Für die heiße Schokolade

- 1,8 l Milch
- 70 g Kakaopulver plus ein wenig zum Bestreuen

Für die Marshmallows

- 4 Blatt Gelatine
- 20 g Puderzucker plus ein wenig zum Überziehen der Marshmallows
- 20 g Kartoffelstärke
- 3 Eiweiße
- 25 g Traubenzucker
- 125 g Streuzucker

• Die Marshmallows am Vortag zubereiten: Die Gelatine 10 Minuten in einem Schälchen mit kaltem Wasser einweichen.

• Puderzucker und Kartoffelstärke in einer kleinen Schüssel verrühren (so bleibt der Teig nicht kleben).

• Die Eiweiße zu sehr festem Schnee schlagen. Traubenzucker und Streuzucker in einem Topf mit 2 Esslöffeln Wasser auf 118 °C erhitzen, bis ein Sirup entsteht. Den Sirup unter ständigem Schlagen mit dem elektrischen Handrührgerät zum Eischnee gießen. Die Gelatine ausdrücken, zugeben und rühren, bis die Masse abgekühlt ist.

• Eine 30 × 15 cm große Kuchenform großzügig mit der Hälfte der Puderzucker-Kartoffelstärke-Mischung bestreuen und die Marshmallowmasse hineingeben. Mit Klarsichtfolie abdecken und 12 Stunden in den Kühlschrank stellen.

• Am nächsten Tag ein Brett mit der Puderzucker-Stärke-Mischung bestreuen und die Marshmallowmasse darauflegen. Die Klinge eines Messers in der Zuckermischung wenden und die Masse in kleine Quadrate schneiden. Diese im Puderzucker wälzen.

• Für die Trinkschokolade: Die Milch bei mittlerer Hitze in einem Topf erhitzen. Das Kakaopulver zugeben und 2 Minuten rühren.

• Den Kakao in 6 Tassen gießen, die Marshmallows zugeben und mit Kakaopulver bestreuen.

OREO-EIS

ZUBEREITUNGSZEIT: 20 MIN.
RUHEZEIT: 10 MIN.
KOCHZEIT: 5 MIN.
KÜHLZEIT: CA. 25 MIN.
(IN DER EISMASCHINE)

Zutaten für 6–8 Personen

- 100 ml Vollmilch
- 600 ml Sahne
- ½ Vanilleschote
- 4 Eigelbe
- 20 g Streuzucker
- 8–10 Oreo-Kekse

• Sahne und Milch in einem Topf aufkochen, dann die Hitze reduzieren. Die Vanilleschote längs aufschneiden und die Samen mit der Messerspitze herauslösen. Schote und Samen zur Sahne-Milch-Mischung geben, durchrühren und den Herd ausschalten. 10 Minuten ruhen lassen.

• Eigelbe und Zucker in einer Schüssel schaumig schlagen, bis die Masse hell wird.

• Die Vanilleschote aus der Milch nehmen. Die Milch zu den Eiern gießen und alles gut vermischen. Vollständig abkühlen lassen.

• Die Kekse in kleine Stücke zerkrümeln.

• Die abgekühlte Ei-Milch-Mischung in eine Eismaschine füllen und nach und nach die Kekskrümel zugeben. Die Option für ein cremiges Eis wählen (ca. 25 Minuten). Sofort servieren oder in einem verschließbaren Behälter im Tiefkühlfach aufbewahren.

Wenn Sie keine Eismaschine besitzen, gießen Sie die Masse (ohne die Kekskrümel) in einen Behälter und stellen diesen für ca. 1 Stunde und 30 Minuten ins Tiefkühlfach, dabei alle 15 Minuten etwa 1 Minute durchrühren, damit sich keine Eiskristalle bilden. Sobald die Masse cremig wird, die Kekskrümel unterrühren und weitere 2 Stunden ins Tiefkühlfach stellen.

SUNDAES MIT KARAMELL

ZUBEREITUNGSZEIT: 30 MIN.
RUHEZEIT: 10 MIN.
KOCHZEIT: 15 MIN.
KÜHLZEIT: CA. 25 MIN.
(IN DER EISMASCHINE)

Zutaten für 6–8 Personen

- 600 ml Sahne
- 100 ml Vollmilch
- ½ Vanilleschote
- 4 Eigelbe
- 20 g Streuzucker
- Gehackte Erdnüsse zum Garnieren

Für den Karamell

- 100 g Streuzucker
- 60 g leicht gesalzene Butter in Stücken
- 100 ml Sahne

• Sahne und Milch in einem Topf aufkochen, dann die Hitze reduzieren. Die Vanilleschote längs aufschneiden und die Samen mit der Messerspitze herauslösen. Schote und Samen zur Sahne-Milch-Mischung geben, durchrühren und den Herd ausschalten. 10 Minuten ruhen lassen.

• Eigelbe und Zucker in einer Schüssel schaumig schlagen, bis die Masse hell wird.

• Die Vanilleschote aus der Milch nehmen. Die Milch zu den Eiern gießen und alles gut vermischen. Vollständig abkühlen lassen.

• Die abgekühlte Ei-Milch-Mischung in eine Eismaschine füllen. Die Option für ein cremiges Eis wählen (ca. 25 Minuten).

• In der Zwischenzeit den Karamell zubereiten: Den Zucker mit 2 Esslöffeln Wasser in einem Topf bei mittlerer Hitze aufkochen, dabei nicht rühren. Sobald der Zucker gebräunt ist, vom Herd nehmen und die Butter unterrühren. Den Topf wieder auf den Herd stellen und bei schwacher Hitze die Sahne unterrühren. Abkühlen lassen.

• Das Vanilleeis mithilfe eines Spritzbeutels mit großer Tülle auf Eisbecher verteilen. Mit der Karamellsauce beträufeln und mit gehackten Erdnüssen garnieren.

Wenn Sie keine Eismaschine besitzen, siehe Tipp S. 74.

DANKSAGUNGEN

Ein großer Dank an Adèle für ihr Vertrauen und ihre Unterstützung.
Dank auch an Aline, die immer bereit ist, ein neues Buch mit mir zu machen.
Tausend Dank an alle meine Testesser, vor allem an Joanna.

MENGENANGABEN

Flüssigkeiten	Metrisches System	Amerikanisches System	Andere Schreibweise
	5 ml	1 Teelöffel	
	15 ml	1 Esslöffel	
	35 ml	1/8 Tasse	1 oz (oder once)
	65 ml	1/4 Tasse oder 1/4 Glas	2 oz
	125 ml	1/2 Tasse oder 1/2 Glas	4 oz
	250 ml	1 Tasse oder 1 Glas	8 oz
	500 ml	2 Tassen	
	1 l	4 Tassen	

Gewichtseinheiten	Metrisches System	Amerikanisches System	Andere Schreibweise
	30 g	1 oz	
	55 g	1/8 lbs	2 oz
	115 g	1/4 lbs	4 oz
	170 g	3/8 lbs	6 oz
	225 g	1/2 lbs	8 oz
	454 g	1 lbs	16 oz

Temperatur	Wärme	°C	Thermostat	°F
	Gering	70 °C	2–3	150 °F
	Warm	100 °C	3–4	200 °F
		120 °C	4	250 °F
	Mittel	150 °C	5	300 °F
		180 °C	6	350 °F
	Heiß	200 °C	6–7	400 °F
		230 °C	7–8	450 °F
	Sehr heiß	260 °C	8–9	500 °F

Übersetzung aus dem Französischen: Annette Mader
Lektorat/Redaktion: Christoph Eiden
Satz und Produktion: ce redaktionsbüro
Umschlaggestaltung: Roman, Bold and Black, Köln

Gesamtherstellung: Tandem Verlag GmbH, Potsdam

ISBN: 978-3-8427-1254-6

CHEESE CAKE
WHOOPIES
COOKIES!

IN DER GLEICHEN AUSSTATTUNG ERSCHIENEN

EINFACH
LECKER